Avalon

Plutôt la Mort

A - MORS

IL DONO IMMORTALE

4° volume 2° ciclo
collana evolutiva Avalon

*a cura di Tara Nicoletti
e Lucia Guidorizzi*

Sebastian Carlo Greco

Irene Salidu

Sabina Camani

Tara Nicoletti

Franca Canitella

Maria Teresa Lezzi Fiorentino

Mario Francesco Bucci

Lucia Guidorizzi

Arnaldo Citterio

Antonella Brozzi

Manu Mabon

Grazia Velvet Capone

Plutôt la mort

A tutte quelle Anime che, per rinsavire, scelgono di dondolare

sul filo di una ragnatela e sospendersi nel Punto.

A quelle che hanno saputo vincere, perdendosi

tra il buio e la luce.

A chi non ha alleggerito il proprio bagaglio sulle spalle di

altri e ha continuato a sostenerlo sulle proprie, con orgoglio.

A tutte quelle che sanno attraversare la Morte

senza morire.... io dico: A-Mors!

Tara

Disegno di Sebastian Carlo Greco

♛ RICONOSCERSI ♛

di Sebastian Carlo Greco

Riconoscersi in amore

    equivale al riconoscersi nel cambiamento

Qualunque siano le sembianze assunte

qualunque le manifestazioni

    Il Richiamo all'Origine, la sua Luce,

        ne **scioglierà i colori**

Dedica attenzione

sii terreno fertile per ogni nuova nascita

    acqua che scorre per ripulire

Sii compiuto

partecipe al respiro del cosmo.

S.C.G.
06
11
2024 *Sebastian Carlo Greco*

♟ DOMANI SARÀ LUCE ♟

di Irene Salidu

DENTRO UNA BOLLA DI CRISTALLO

Non mi sono mai chiesta come gli astronauti possano vivere dentro uno scafandro, perché anche io ho creato il mio, che mi isola dagli altri. Il mio rifugio è trasparente, potrebbe sembrare un luogo effimero, leggero ed evanescente, magico come una bolla di sapone… ma non è così fragile. È, al contrario, un eremo robusto, fonte di anni e anni di difesa e protezione. Non chiedetevi da chi dovessi proteggermi, perché fisicamente so di non avere necessità di fortificazioni, ma è la mia essenza, che ha bisogno di nascondersi per sopravvivere. Ho cercato in tanti modi di essere ciò che mi veniva richiesto, poi ho deciso che avrei guardato il mondo dalla mia bolla personale, vedendo anche me stessa in azione, giudicando il mio corpo che si muoveva e agiva secondo convenzioni create da esseri umani come me.

È comoda, la mia bolla: vedo e sento le emozioni, i sentimenti degli altri, le loro paure, i silenzi e vedo e sento due volte tanto me stessa, i miei sentimenti, le paure, i silenzi, lunghi, ma colmi di suoni che qui dentro sono l'unica a sentire. E MI vedo, seduta in un angolo, a osservare, ascoltare, cercare di capire.

Vorrei che alcune persone entrassero nel mio mondo e condividessero le sensazioni uniche che solo da qui si possono sentire.

Sono poche, le voci che mi costringono ad affacciarmi, piano e con prudenza e poche le persone alle quali permetto l'ingresso nel mio mondo. È il luogo delle parole, delle emozioni, dei sentimenti, delle persone e delle musiche che sanno accarezzarmi.

Già… le parole. Troppe parole mi riecheggiano nell'anima e mi fanno male. È il mio mondo, l'unica "cosa" che sento veramente solo mia. Un mondo dove alla cattiveria e all'invidia non è concesso entrare.

Un mondo d'inchiostro. Scrivo per fuggire.

Se ritrovassi tutte le mie poesie, ricorderei il giorno preciso, il momento e la situazione che le hanno fatte nascere… una per una, qui, dentro la mia bolla di cristallo.

In tutto ciò che ho scritto c'è un pezzo della mia vita, delle mie gioie, i dolori. Le mie poesie sono come una statua per uno scultore, un dipinto per un pittore, una musica per chi compone…

E non regalo la mia fiducia così facilmente, devo essere certa di non essere tradita. Non è facile, starmi vicino, perché spesso il mio mondo, le mie fantasie sono talmente lontane, che è difficile ritornare con la mente al presente.

Penso con il cuore, sono istintiva, empatica e riesco a entrare nel mondo solo attraverso gli altri. Riesco anche a esprimere me stessa solo con pochi… e per poco, pochissimo tempo. Poi mi ritraggo, mi sembra di essere inopportuna. Eppure sento le emozioni e i sentimenti di chi mi ascolta, di chi ha imparato a vedere la mia anima, di chi ha conquistato il permesso di sfiorarmi l'anima.

Amo vestire di scuro, mimetizzarmi, restare nella mia bolla, ritrarmi… un lungo, estenuante lavoro dietro le quinte.

Non voglio uscire dalla mia gabbia trasparente, ho scoperto che "dentro" posso essere quello che realmente sono.

Nessuno, lì dentro, ravvisa ciò che dico, immagina ciò che penso o vede ciò che non esiste, perché lì tutto è limpido e cristallino, come me.

Ho contato i miei anni. Tanti. Eppure non li sento, non dentro, non nell'anima. Nell'anima ho sedici anni, perché, nella mia bolla ho quei sedici anni che non ho mai avuto. Il mio corpo, il mio viso non possono tornare indietro, ma i miei sogni e la mia mente sì, e hanno deciso per me. Ho sedici anni.

Vorrei poterli avere davvero, essere spensierata e giovane.

Lascio alla notte i miei pensieri: la notte sa, conosce, rispetta, non tradisce. La notte mi assomiglia.

Lascio che la sua coltre oscura nasconda i pensieri che mi spaventano e aspetto che la luce della luna fiocamente illumini le tenebre che mi porto dentro.

Eppure ho sempre adorato il sole, la luce, la gioia. Non capisco perché una sensazione, un'emozione, un pensiero felice mi spaventino così tanto.

Riesco a sorridere, ma vorrei sentirmi libera dai pensieri che mi avvolgono come una cappa, che mi soffocano, mi fanno sentire debole. Odio sentirmi debole. Odio che gli altri mi vedano piangere, quando mi guardano e leggono nello specchio dei miei occhi.

Se è vero che un sasso è ciò che resta di una montagna che non ti è franata addosso, lo calpesto, ma sento il peso della montagna su tutto il mio corpo.

Ho sempre pensato di essere forte, me lo ripetono, e lo ripeto, come una eco: "Sei forte, sei forte, sei forte…"

Vorrei tornare, per un attimo, bambina, e essere cullata in un abbraccio. Vorrei essere quella bambina che nuotava senza increspare l'acqua. Vorrei essere tutto ciò che della mia vita non mi è piaciuto.

Ho in mano sempre le stesse tessere, ogni giorno cerco di ricomporre il mosaico, ma ogni volta il puzzle è diverso, ogni giorno l'immagine che mi appare è la stessa, ma diversa, come un'adolescente, che ancora non sa chi e cosa diventerà. Mi sento la stessa, eppure un'altra, ogni giorno.

Ogni notte, qualcuno distrugge la mia immagine. Faticosamente, dolorosamente, devo ricomporla.

Ho voglia di rientrare nella bolla, nel mio mondo: chiudere, evitare, evitare, evitare.

Evitare tutto ciò che temo, ricostruire il mio castello di sabbia: ora resta in piedi, ma quella è la vita degli altri, delle persone vicine, che pian piano riprendono la loro lotta quotidiana, a prescindere da me.

Deve essere così.

Ricostruire il mondo intorno, perdere ogni giorno un po' di sé.

Regalo un po' di me agli altri… ancora, forse troppo, ma è così che non perdo completamente il contatto con la realtà fatta di giorni, ore, minuti, anni…

Ho sentito una canzone e ho pianto, di rabbia e di frustrazione. Una canzone, che mi ha letto l'anima, me l'ha rivoltata, mi ha fatto vedere ciò che sempre ho nascosto anche a me stessa… mi ha fatto male.

So di non poter cambiare alcune cose. Devo abituarmi a questo pensiero.

Ora, il mare, che prima mi travolgeva con le sue onde furiose, è una tavola piatta, è il momento: devo trovare la chiave giusta per aprire la mia gabbia, devo permettere agli altri di aiutarmi a respirare l'aria del resto del mondo.

Devo imparare a amare me stessa, devo osare. Era solo una canzone, ma ora sono pronta a ricominciare.

E scrivo, scrivo, scrivo. Non amo rileggere ciò che il mio cuore detta alle mie mani, non amo correggere la mia danza, il mio canto sui fogli, perché solo così riesco scrivere. Solo così posso riversare su un foglio bianco l'inchiostro che mi sporca le dita, perché dentro la mia bolla vive un mondo di inchiostro che chiede di fuggire. Pian piano, lo libero, amo vedere le parole che danzano sui fogli, sento una melodia tutta mia, e le parole danzano, danzano. Come io non riuscirò a fare mai.

OGGI

Sono più forte, forse. Più fatalista, forse. Ho imparato talmente bene a essere forte, che devo imparare di nuovo ad assaporare in pieno la felicità. Un volto, mille volti per un'anima sola, talvolta troppo fragile. Per questo, nascondo il mio sguardo quando sento che vogliono leggermi "dentro". Vorrei essere avvolta in un vortice colorato, magico e silenzioso come ali di farfalla. Vorrei essere la luna al suo massimo splendore e illuminare i sogni di chi ha il buio nel cuore. Vorrei essere sole per scaldare le anime fredde. Ma sono solo io, una donna, fatta così. Una donna, terra, mare, roccia. Dura come roccia, col cuore morbido come la terra e fragile come la sabbia. Forte come le onde, delicata come un sorriso, leggera come l'amore.

NIENTE BUCCE, PER ME

Erano in tanti, a darmi sempre ragione. Poi mi sono accorta che sotto milioni di bucce, alla fine, chi dice sempre di sì, non lo dice solo a me, ma anche a chi pensa in modo diametralmente opposto al mio, e chi mi dice sempre di sì, sotto quelle bucce, spesso, nasconde il nulla. Ho pensato di non meritare il nulla. Un giorno nuovo: niente bucce, per me.

ESSERE DONNA

Essere donna: potermi guardare allo specchio e vedere un cervello per pensare, un cuore per amare, sapere di essere così forte da donare la vita, essere amica, sorella, compagna. Essere donna è commuovermi, ridere, giocare senza essere fraintesa, è essere chiara, trasparente, senza dover dare spiegazioni. Essere donna è poter dire sì o no senza timore. Sto imparando di nuovo a essere donna. Sono sempre e comunque io, quella che sente il dolore e la sofferenza degli altri e dimentica di aver bisogno di una carezza, spesso la rifugge e si nasconde.

Chiamatele quinte, o gabbia; chiamatela bolla, ma è il mio mondo da quando sono nata, ed è il mio rifugio. Sono donna, forte, ma sento dentro me qualcosa che mi fa pensare prima di pensare, agire prima di agire, sapere prima di sapere. E non vorrei sapere, pensare, agire prima di… ma le persone sensibili sono fatte così. Io sono fatta così.

Un po' come gli uccelli: scopro di avere le ali, so di dover imparare a volare, capisco di volerlo fare, finalmente ci provo e sento che magari, forse, ci riesco. Ma qualcuno deve buttarmi giù dal nido, precedere il mio volo… se riesce a farmi uscire dalla mia gabbia.

Scopro che il mio quotidiano è la mia tela, che ciascuno di noi, ogni giorno, diventa pittore e mi rendo conto di quanto sia importante non imbrattare la tela. Vedermi volare… sarebbe un bel pasticcio, per la mia tela!

LA LUCE

Eppure, sono sempre io, quella che camminava senza meta, in una spiaggia deserta, che si sentiva sola e diversa.

Sempre io, che avevo paura, di perdermi, di perdere la mia essenza di donna, di madre. Ho riversato su pagine bianche i miei dolori, la tristezza, la speranza; non volevo aprire un varco verso gli altri, non permettevo a nessuno di leggermi l'anima.

Quando ho ricominciato a vivere?

Ho deciso di viaggiare all'interno di me stessa, e mi sono resa conto di esistere. Ho conosciuto persone che hanno intrapreso lo stesso cammino per affrontare dolore, solitudine, paura, invidia, rabbia, cattiveria. Ho imparato a leggere il susseguirsi delle emozioni nei loro sorrisi forzati, o nelle risate spontanee, ho imparato ad ascoltare gli altri, e a "sentire", con loro, tutte le sfumature che la vita regala.

Eppure, spesso mi potreste vedere con lo sguardo rivolto a un punto imprecisato del cielo. Sì, perché la mia bolla è sempre là, che aspetta. La mia gabbia trasparente è lassù, tra le nubi, colma di inchiostro e fogli ancora muti, in attesa di un compositore che scriva la più bella sinfonia mai composta. La bolla è mia, io ho le chiavi, solo a me è permesso entrare. Mi rifugio ancora nel mio mondo, soprattutto quando vedo le brutture di questo, ma ancora riesco a vedere attorno a me un po' di umanità… ed è per questa, che credo ancora nell'uomo. Non sarò io, a scrivere quella magnifica melodia che sento da lontano, di una dolcezza struggente, di una forza dirompente. Non avrei le parole, per farla sentire agli altri.

E piango, finalmente piango, perché sento le parole che vagano in cerca di una penna, perché vedo le note che sfuggono dagli spartiti per cercare nuove posizioni sui righi e sugli spazi di questa mia vita che si nutre di voci, silenzi, risate, giovinezza. Non so quando sarò pronta a sporcare quei fogli. Intanto, oggi, mi affaccio sul mondo, anche se non so ancora se ne sono parte. E sporco qualche foglio con la mia musica semplice, fatta di note un po' monotone… perché per scrivere un'opera come quella che sento, bisogna essere dei veri musicisti. Io non lo sono. Sono solo una donna in lotta con se stessa, forse finalmente PER se stessa.

L'AMORE

L'amore veste di bianco, quando è puro e disinteressato. Amore impuro non può chiamarsi amore. Sussurra, l'amore, e suscita sorrisi e gioia. L'amore è un luccichio negli occhi, un sorriso gioioso, labbra socchiuse, voglia di vita. L'amore è burlarsi allegramente del mondo, vivere e camminare fianco a fianco, ascoltare la stessa musica e percepire melodie diverse, scoprire ogni giorno un motivo di gioia, essere felici di una parola, uno sguardo, una carezza.

Non ha età, l'amore, perché amare è per sempre. L'amore è amicizia, desiderio di camminare insieme, di giocare, saltare, cantare. L'amore è passione, per una persona, un'attività, un colore. L'amore è un abbraccio, nel quale rifugiarsi, una carezza, una mano che ti sfiora l'anima.

È donna, quando il vento scompiglia i suoi capelli e confonde le idee. È uomo, quando ne senti la forza, è bambino quando si sente impaurito, è giovane, quando è entusiasmo e imprudenza, è vecchio quando è maturità e consapevolezza. Non ha un'età, l'amore.

L'amore cammina con il mondo, perché il mondo non cammina senza amore. L'amore non è unico, perché non si divide, ma si moltiplica. L'amore è una mano che ti cerca e aspetta. L'amore è una carezza con lo sguardo, un'intesa con gli occhi, due menti che si incontrano. È due corpi che si sfiorano, due cuori che si uniscono.

L'amore è una notte di stelle magiche, tutte luminose seppure distanti, che non ti lasceranno mai nell'oscurità. L' amo-

re è sentire la Sua presenza in una sala affollata di persone, sentire le Sue carezze quando parla con altri e volge il suo sguardo verso di te, calamitando i tuoi occhi. È un filo invisibile, che unisce anche lontani, che fa sentire sensazioni e sentimenti solo col pensiero, è un uragano, un mare piatto, è pioggia e sole, vento e bonaccia. L'amore è la sua mano che cerca la tua inconsapevolmente, quando ha bisogno di conforto, è una mente che si lega alla tua, un intento comune. L' amore è una carezza data al volo, così, di sfuggita, per farti sapere che non sei solo. È fiducia e libertà, è sapere che sei con lui anche quando non ci sei, sentire i suoi pensieri, giocare con le parole, gli sguardi, la mente. L'amore a volte finisce, ma se era amore, ti lascia dentro l'anima qualcosa di chi l'ha attraversata, anche solo per quell'istante magico che ti ha fatto pensare di non essere solo. È alba e tramonto, colore e profumi; è leggero, l'amore, talvolta è euforia; talvolta è anche triste, l'amore... quando non è riconosciuto e sembra ambiguo. Soffre, quando è solo, perché il suo principio è condividere. Sa essere amore comunque, con piccoli sorsi gentili.

DOMANI

Domani... aspetto solo domani, perché ogni domani può essere il giorno giusto per amare la luce.

Irene Salidu

♛ I RAGAZZI DEL '98 ♛

di Sabina Camani

Allo scoppio della prima guerra mondiale nel 1914, l'Italia si mantenne inizialmente neutrale senza però rinunciare alle sue ambizioni di un'espansione territoriale e alla fine ottenne l'offerta migliore da Francia e Regno Unito, le quali promisero l'annessione di ampie fasce territoriali austriache.

L'Italia era legata ad Austria e Germania dalla Triplice Alleanza ma il desiderio di espansione la portò a stipulare un accordo segreto con le potenze dell'Intesa: Francia, Gran Bretagna e Russia, al fianco delle quali entrò in guerra.

ANTEFATTO

Nella primavera del 1918 la Germania, grazie al ritiro dal conflitto da parte della Russia, sconvolta dalla rivoluzione d'ottobre del 1917, decise di approfittare della sua temporanea superiorità numerica sferrando un attacco massiccio e decisivo contro la Francia. L'offensiva fu preparata concentrando sul fronte francese tutti i mezzi disponibili.

La prevedibilità di tale mossa permise un certo preventivo rafforzamento da parte della Francia, rafforzamento a cui anche l'Italia partecipò. Il governo italiano inviò sessantamila "soldati operai" da adibirsi soprattutto a lavori di manovalanza: le cosiddette truppe ausiliare italiane in Francia (T.A.I.F). Inoltre l'Italia inviò anche truppe militari, per ricambiare l'aiuto ricevuto dagli Alleati nel novembre del 1917, dopo la disastrosa disfatta di Caporetto… quando erano state offerte ingenti forze in appoggio all'Italia, nell'intento di impedire il dilagare degli austro-ungarici verso la pianura padana ed eventualmente verso il fronte sud dei confini francesi. Nonostante le terribili perdite di giovani vite subite nell'anno precedente,

Stefano Marini

l'esercito italiano andava sempre più rafforzandosi e nella primavera del 1917, poteva mettere in campo 59 divisioni con una forza di quasi 2 milioni di uomini e tutto questo, grazie al richiamo dei diciannovenni della classe 1898 e ai diciottenni del '99.

I ragazzi del '98 e del '99 erano i coscritti di leva italiani che nel 1917 furono mandati in prima linea sui campi di battaglia della prima guerra mondiale.

Nel 1917 Stefano compiva diciannove anni e venne arruolato.

Stefano: un bravo ragazzo, di Padova, sempre di buon umore e pronto a dare una mano a chi servisse, aveva ereditato il buon carattere da Clementina, sua madre: una donna gentile e intelligente che sapeva cogliere tutte le occasioni per una risata o una carezza.

Li legava un amore forte e luminoso, una sorta di telepatia. Il giorno in cui lui partì, lei lo abbracciò sussurrando: «Sarò sempre vicino a te, lo sai che noi ci sentiamo anche da lontano. Basterà che tu mi pensi e mi sentirai; sarò lì con te. Torna presto figlio mio e ricordati: mai passione, mai paura. Passerà anche questa di avventura!»

Il treno verso le prime linee francesi partì carico di ragazzini. Andavano verso la guerra senza avere ancora conosciuto la vita. Con loro partirono preghiere di madri i cui occhi rimasero pieni dei visi dei figli anche quando il treno scomparve in lontananza.

Clementina e la sua famiglia non erano troppo preoccupati per Stefano perché faceva parte del contingente di truppe ausiliarie, i soldati operai, che avrebbero lavorato nelle retrovie, alla ricostruzione. Ma dopo qualche tempo il comando italiano cominciò a mandare nelle trincee in prima linea anche molti soldati operai. Dovevano sostituire i compagni caduti o feriti e Stefano, essendo abile e sano fu tra quelli che vennero mandati in trincea.

La sera, quando il buio portava un po' di tregua nei combattimenti, Stefano "parlava" con Clementina e così come faceva nelle lettere, anche in questi contatti silenziosi ometteva di lasciar trapelare tristezza e paura per quello che aveva intorno o la propria incredulità piena di sgomento per la follia senza ragione in cui si trovava.

Tutto questo lo teneva per sé, a lei diceva solo: "Sono qui mamma, sto bene, stai tranquilla, sto bene". Lei "sentiva", inviava il proprio pensiero e si addormentava sperando solo che la guerra finisse e che lui facesse ritorno.

Una notte Clementina si svegliò di soprassalto: c'era troppo silenzio dentro di lei! Stefano... non lo "sentiva" più. Passarono poche ore e il mattino presto una pattuglia bussò alla porta per comunicare alla famiglia che il ragazzo era stato colpito a morte e si trovava con tutti gli altri caduti all'ospedale di Ferrara, nello spazio dove i medici riunivano i corpi per il riconoscimento. Chiesero a Clementina di partire con loro per andare a riconoscere il figlio.

La prima cosa che fece lei fu di urlare fuori da sé il dolore lancinante che le aveva ghermito i polmoni. Poi disse: "Andiamo! Dovete portarmi da lui in fretta altrimenti prenderà freddo"!

Tutti, sia i soldati che i suoi famigliari pensarono che il dolore insopportabile avesse fatto impazzire Clementina. Non volevano lasciarla andare sola, la pregarono di farsi accompagnare, ma lei rispondeva solo: «No, non c'è tempo, è vivo, Stefano è vivo! Devo andare o prenderà freddo!» Salì sulla camionetta continuando a chiedere all'autista di far presto, di andare veloce, che da Padova a Ferrara ci voleva tempo.

Accanto agli ospedali militari, a Ferrara erano attivi anche i Servizi Sanitari Territoriali, che potevano servire alle esigenze dei provenienti dal fronte, trovandosi in una città di medie dimensioni, lontana dalle prime linee in ogni direzione. I soldati feriti o ammalati arrivavano in treno o su autocarri alla stazione di Ferrara; qui era attivo il Posto di conforto, retto dalla Croce Rossa. Per quelli che non ce la facevano o che arri-

arrivavano già morti era stato sgomberato un piazzale all'interno dell'edificio dell'ospedale e lì venivano trasportati per essere riconosciuti dalle famiglie.

Clementina si trovò di fronte a centinaia di corpi nudi gli uni ammassati agli altri; tanti erano i caduti che lo spazio non bastava più. Faceva freddo, ma non aveva più importanza per quei ragazzi che nudi dovevano restare poiché alcuni erano ancora riconoscibili solo da segni particolari. Eppure lei appena arrivata si era fatta consegnare due coperte e ora si aggirava disperata e chiamava il nome di suo figlio perché non lo trovava. Si fermò di colpo davanti a dei corpi ammucchiati e cominciò a gridare che la aiutassero a spostarli, che Stefano era lì, lì sotto. I medici corsero in suo aiuto solo per la pietà che provavano per il suo dolore, ma Clementina aveva già tra le mani una mano di Stefano e appena lo estrassero da sotto agli altri, lei si stese sopra il suo corpo e lo avvolse con se stessa e le due coperte. «È vivo! È vivo! Fate qualcosa, portatelo dentro, fate presto, vi prego!» Uno dei medici si chinò sul petto del ragazzo con lo stetoscopio e sentì il battito del suo cuore che poche ore prima non c'era più e ora palpitava di nuovo.

EPILOGO

Stefano Marini sopravvisse all'asportazione del polmone, perforato da un colpo di baionetta e alla polmonite contratta prima che sua madre lo trovasse. Venne nominato Cavaliere di Vittorio Veneto e visse con la sua famiglia: moglie, figli, nipoti, ai quali raccontava le sue avventure in Francia, e bisnipoti, fino all'età di ottantotto anni. Si spense serenamente, così come era vissuto. Quando gli si chiedeva cosa ricordasse di quella terribile avventura, rispondeva: «Io non ricordo nulla. Però mia mamma diceva di avermi trovato perché la stavo chiamando, ma io non mi ricordo».

I miei figli avevano quattro anni quando il loro bisnonno Stefano se ne andò e di lui ricordano ancora che cantava sempre e se avevano paura del temporale o si sbucciavano le

Decreto a firma Benito Mussolini con il quale
fu nominato cavaliere di guerra Stefano Marini.

ginocchia rincorrendosi, lui li prendeva in braccio sussurrando:

«Mai passione mai paura! Pasarà 'nca 'sta ventura!»

P.S. Raccolgo queste storie da molti anni per continuare, fino a che potrò, a raccontarle.

Le persone che hanno attraversato la prima grande guerra, non ci sono più e pochi testimoni diretti rimangono anche della seconda. È vero, ci sono i libri di storia.

Di quale storia? Quella delle guerre e dei loro moventi territoriali, economici, di prevaricazione, di fame smodata di potere? Delle date e del numero di vittime?

Nei libri di storia non si vede la fatica, il lavoro, la determinazione che Vita e Amore spendono insieme ogni volta che una guerra le soffoca e noi… continueremo a cercare di dare un nome ai loro interventi: Magie? Coincidenze? Misteri? E se questi accadimenti altro non fossero che manifestazioni diverse di un'unica Volontà?

La Volontà della Vita di proteggere la Vita.

Di questo sentire c'è traccia solo nei racconti di chi ha avuto la Morte vicina, di chi ha attraversato l'orrore della violenza senza senso ed è rimasto, per raccontare.

Perché quella fatica, quel lavoro, quella determinazione instancabile, non siano perduti.

Sabina Camani

♛ L'ALBA NELL'IMBRUNIRE…
DALLA LUCE E DAL BUIO ♛

di Tara Nicoletti

I Doni dell'A-MORS

INVISIBILITÀ:
È tempo di raccoglierti, la troppa luce brucia.

ASSE PORTANTE:
Sottile e penetrante, la tua forma s'eleva. Il Vedere è ancora
Presente.

PIETRA FILOSOFALE:
Scintilla emana il tuo Christallo. Il Ricordo di Te TrasForma.

Prima dell'Uno, il due…Prima del due, l'Uno

Dal Buio… alla Luce
Dalla Luce… al Buio
Dal Buio… alla Luce
Dalla Luce… al Buio

Dalla Luce e dal Buio
Punto

Ci si illumina, restando in bilico su un filo
teso tra Morte e Follia.
A volte, si ha la sensazione di morire
altre di impazzire.
Ma, visto che non si muore né s'impazzisce
si continua a stare in bilico.
Questo attiva il Punto.
Prima del Bianco, il Blu

Prima del Nero, il Blu
Una profonda pace convince a lasciarsi andare
e dondolare
come elefante su filo di ragnatela.
In fondo, se si è lì
si è creduto di poterci Essere.
Punto

La Verità si rendeva disponibile, ma io non la vedevo.
Cecità...

E, dimmi!
Come s'attraversa il Sogno
nella notte buia
mentre un lembo d'assenza coglie
di là
dove non puoi andare?
In che modo ti brucia
quel fuoco
che
di fatuo desio
incenerisce il cuore
mentre dovrebbe
quella notte
illuminare?

La Poesia, un gradino prima della Divina Luce.
Un solo gradino separa, dunque, dall'Illuminazione?
Un solo passo tra la poesia e la Verità?
I poeti sono strane creature! Non appartengono più completamente a questo mondo di forme, ma non sono ancora parte viva della Verità trascendente. Cosa sono, dunque? Un dunque.
Essi vedono ancora, filtrando in se stessi un filo di Luce, che consente una tenue interpretazione della Poesia.

Trovandosi sull'ultimo gradino del basso, toccano, ispirati, il primo dell'Alto.

La Verità intuiscono, ma non è ancora parte della linfa che scorre nelle loro vene.

Tendono, aspirano, anelano, sognano...

E Navigano sulle onde di un lago, spesso coperto di nebbia e ne respirano il canto, ma la vista non è sempre chiara, né costante.

L'andirivieni permette loro di attraversare il Bardo, così che s'impregnino di vita e di morte e procedano Oltre, nella Coscienza.

A-Mors, dal nodo dell'incoscienza al Dono dell'Immortalità.

Il termine **A-Mors** contiene il ricordo della morte, ma come privazione di essa. Giunge spontaneo, naturale, gioire di questa conferma: l'Amore è privo di morte.

Una meravigliosa sensazione di Vita e Vitalità avvolge, mentre eleva: "**Chi Ama è Immortale**", non diventa cibo per l'Aquila, come ricorda Don Juan Matus, con i suoi insegnamenti, nei libri di Carlos Castaneda.

"Scegli una via che abbia un cuore". La Coscienza, al momento del commiato da questa dimensione, permette al Guerriero di sfrecciare Oltre, senza farsi toccare dalla morte. Egli, così, passa illeso al di là dell'Aquila, la cui forma proietta ombra e illusione (Maya), separando questa realtà dal mondo Reale, mentre diventa concreta e adombrante all'ingenua vista di chi, umano, resta troppo umano. Finirà per trasformarsi in cibo per l'Aquila che, al momento della morte, divorerà le sue energie incoscienti, cioè tutto. Poiché quel tutto, non avendo coscienza di sé, non è capitalizzabile in un Dono.

Per fortuna c'è il Karma, che permette la rinascita ai fini della stessa evoluzione: un nodo che ritorna a bussare dai profondi recessi dell'Anima, perché ha un Dono da consegnare, e bussa forte e scuote con la sua stretta soffocante, affinché l'in-

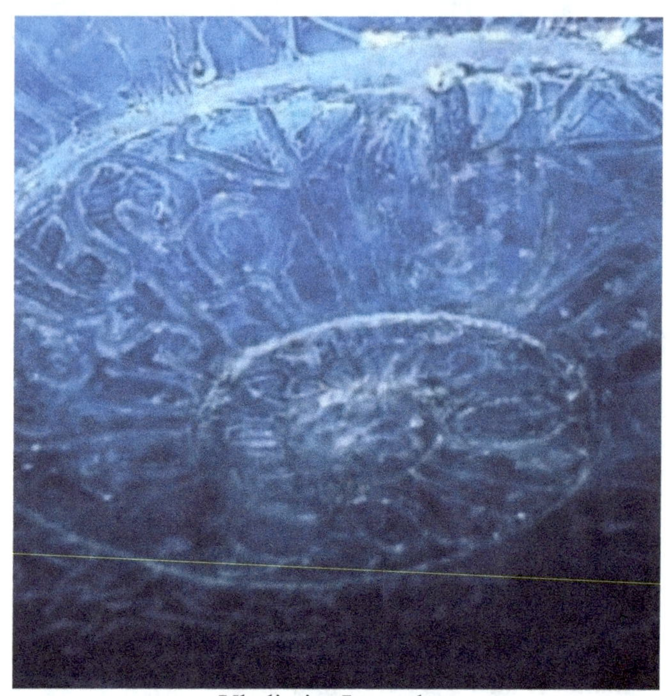

Vladimiro Lunardon

teressato si svegli e lo riceva. La paura è solo paura di questo tipo di morte, avrei appreso più tardi in altre verità. Non essere riusciti a svegliarsi per ricevere il Dono, la Luce, continuando ad avere paura di ciò che quel nodo può contenere, del buio che può rilasciare. La Morte, quella Cosciente, non desta paura:

"Accoglimi, se puoi, e l'A-Mors si aprirà proprio lì,
DOVE DUE CUORI DIVENTANO UNO".

LA VIA DEL RITORNO A CASA

Ero ancora molto giovane, quando iniziai i primissimi passi per trovare la Via del Ritorno a Casa e vivevo la paura di perdermi. Tra tutte le altre paure che sentivo premere, quella di perdermi era la più evidente. Usavo la paura per salvarmi da ogni pericolo, pur accettando di vivermi, vivendo l'esperienza.

Col tempo, mi accorgevo del potere della scelta e di quanto avrei potuto, in ogni momento, erigere un muro invalicabile, oppure creare, in Coscienza, la Via. Chiudermi o vivermi, lasciarmi o prendermi. Ciò che avrei scelto sarebbe stato per sempre e, per sempre, non era un tempo quantificabile dalla mia umana conformazione. Mi accorsi che qualcuno, ancora una volta, stava osservando i miei pensieri, i dubbi e le ragioni, le esitazioni inconcludenti.

"È sempre la notte che partorisce l'alba, così come il giorno dona il placido saluto di un tramonto alla notte che lo raggiunge, nel suo dolce riposo".

Prendeva consistenza in me la presenza di un Testimone Silenzioso.

Il Tempo
m'ingannava la mente.
I sensi frodava

in ricordi trascinati
da un vento rabbioso
straziati dal fuoco
in un gelido inverno e
sotto soli cocenti
in aride estati.
Il tempo
non mi fu mai amico.
Correva troppo o
in noia estenuante
frenava.
La sua presenza
mai fu in ciò che
in Presenza vivo.
Il Tempo!

Così, cercavo l'aiuto di uniti momenti che, fuori da un tempo, mi cogliessero in Verità:

"Discende sempre un aiuto dal Cielo a chi, cosciente, ne faccia richiesta. Allinearsi e Comprendere è la Chiave. Allinearsi e ComPrendere..."

Tutto mi raggiungeva nell'ambivalenza e nel conflitto. Tutto appariva separato e indissolubilmente legato, dall'Alto Unito, tale da confondere il procedere e l'andatura, gli intervalli e il ritorno.

Dovevo sempre passare e ripassare dallo stesso punto, più e più volte, con un pendolare ora ampio e smarrito, ora stretto e intuito. Quando, sospendendosi, le onde convergevano nel Punto, anche i miei dubbi e le mie ragioni si trasformavano in Intuizioni. Il pendolo segnava, andando da una parte all'altra, una via, che salendo, man mano, si restringeva per convergere in un collasso d'onda, in cui si vive l'istantanea Verità.

In quel Punto, la mia mente si elevava sui miei umani processi. Venivo accolta ed entravo in altre più alte e sottili numerazioni.

"In questo andare *misterioso e paladino, ella non cerca che l'Anima. Quella Se Stessa di cui sa, eppure niente può dire, oltre il concentrato di un respiro"*.

Cosa si dovrebbe
dunque
dire
di quella Luce che
appena conquistata
svanisce
lasciando solo
milligrammi di chimica titubante
che testimoni l'accesso
a una più alta visione?
Nulla si può dire.
Nulla che sia ripetibile e
silente
illumini quel sapere
se non un tendere a ciò che
quella Luce ha mostrato.
Troppo breve
per essere ripetuto
troppo intenso
per essere dimenticato.

"L'immersione tra le due sponde dà la verità dell'intero".

Continuavo a penetrare alte intuizioni, mentre vivevo la paura di essere inadeguata, non capace di amare. Stavo annegando, quando avevo quattro anni, e il mio essere lo ricordava ancora. Rivivevo quella paura e uno strascico di risentimento verso me stessa per essermi allontanata, aver disobbedito, aver mangiato quel frutto dall'albero del bene e del male. Il senso di colpa ridestava la paura di perdermi, allontanando il mio Potere di Ritrovarmi, d'Amare, amare la verità che l'Amore mi stava porgendo.

"Non ha contrari l'Amore. È tutto ciò che è".

Sapevo che la trasformazione indica come primo passo un intento di Luce: per scendere nel marasma dove il proprio "mostro" si è accasato, la paura non è un alleato utile. O, forse, sì? Inizialmente, forse. Ma, se a lungo andare non si sviluppa amore, si rischia la morte.

L'Amore permetterà di risuonare con la tenue Scintilla che quel mostro trattiene e che lo tiene ancora utile alla Vita.

La Coscienza sosterrà e l'Intelligenza suggerirà il modo più utile per procedere.

"Riconosci e salva la Scintilla!"

Avevo altre volte cercato di perdermi, per ritrovarmi in quelle acque nutrite e protette dal mio inesplorato e profondo blu. Ora, comprendevo che non era perdermi la vera indicazione della coscienza, piuttosto comprendere l'essenza dell'Invisibilità. Condizione difficile da accettare, quando la forma è troppo presente e rimanda il piacere o il dolore, la vista del bello o del brutto, la tranquillità della luce o il timore del buio, il vedere o la cecità... il nodo o il Dono.

Era la Luce o ciò che definivo buio a suggerirmi di perdermi per ritrovarmi? A cosa mi serve essere Invisibile?

"Che importanza ha? Semplicemente È" mi sentii rispondere.

Così
invisibile
giunsi sulla soglia di Necessità
ma non era abbastanza.
Il pensiero
non ancora definito
mi agganciava.
E caddi nel baratro delle possibilità
chiaro bersaglio del mostro.

Urla
schiamazzi
biasimo
allerta.
La colpa
la paura
l'inganno!
Silenzi mai raggiunti.
Abbandono.
La morte
in cui non si può morire
della vita
il sapore inabissava.
Nessun piangere
adescava un sogno
non un ricordo veniva
a porgermi la mano.
Ero lontana.
Ora
Invisibile.

Al tempo si aggiungeva lo spazio, sempre nuovo, e restavo
con un filo di respiro a trattenere un lembo di energia, áncora
di vita. A volte, le onde duravano giorni, procurandomi pesan-
tezza nel cuore e nella mente. I sensi di colpa e la disistima
aumentavano. Non ero capace di coerenza, il mio pendolo si
muoveva molto tra mente e emozioni, come a indicarmi l'in-
consistenza dei miei pensieri dominanti e del sentire che li an-
nunciava. Non ero ancora adolescente, quando già mi sentivo
dire, con una certa disapprovazione, che mi piacevano troppe
cose e che non potevo avere tutto: "Devi scegliere!" Ma scegliere mi disorientava. "Sei grande, ormai!" Crescendo nella
convinzione di essere grande, incominciai ad assaporare la
"grandezza" che mi offrivano i tacchi alti e la pratica comodità
di quelli bassi, bassissimi; le gonne corte e quelle lunghe,
strette, larghe: non avevo un mio stile, qualcuno me lo faceva

notare, né personalità definita. In seguito, mi resi conto di quanto questo "non essere definita" mi avesse aiutato a non scegliere, escludendo, mentre mi spingevo ad attraversare per includere e riconoscere. Inizialmente ciò avveniva con una certa incosciente fiducia, ma la via che passa tra le due correnti di forza non approva le disattenzioni: bisognava avere equilibrio e una certa armonia interiore per essere accettati. Avendo intuito questa difficoltà e il pericolo che comportava, pur non razionalizzando la scelta, mi affidai all'Hatha Yoga (letteralmente: Unire, attraverso la potente energia, Ha e Tha, il Sole e la Luna).

Avrei, in seguito, favorito l'Unione, attraverso meditazioni costanti e una ferrea disciplina.

Più tardi, l'Armonia del Suono delle Sfere mi avrebbe raggiunta, mentre da giorni osservavo un digiuno con solo acqua, e cantavo le lodi all'Inviolata Essenza. Finalmente mi ritrovavo e stava avvenendo esattamente nella forma che in quel momento mostravo:

"Io Sono ora qui e qui è tutto ciò che ora Sono".

Non è facile Unirsi in una forma che, richiamando le polarità creative, si manifesti Vera, Unica: non lo è mai! Bisogna elevarsi molto per uscire dalla personale traduzione di sé, pur rimanendo dentro se stessi. Il processo può essere rischioso, se non è adeguatamente preparato e, con coscienza e intelligenza, vissuto. Diventa fondamentale, pertanto, non abbandonare mai il contatto fisico del piano su cui poggia la centralità del corpo, al fine di mantenere l'unione tra l'alto e il basso, luce e buio. L'HATHA Yoga si apre, con un certo rigore, in questa regola per mezzo della quale, indagando in piena coscienza del respiro, la presenza, permetteva alle mie radici di estendersi nel fittone, mentre le mie percezioni si espandevano fino a raggiungere gli strati d'acqua e di fuoco della Terra e toccavano l'inconsistente atmosfera della Sua luminosa cavità. Chiunque si avventuri nel buio deve avere la Luce dell'Asse Portante attivata con Christallina Coscienza.

Il Vero Buio non permette l'ingresso a coloro che, lasciandosi avviluppare dai loro fili personali, non vibrino nella ferma Coscienza di penetrarlo. Scevra da un personale ritorno, restavo nel mio spazio vitale. Il Presente e la Presenza.

"Essere informati, non vuol sempre dire Essere Formati". Mi ricordava Camaleonte.

Questo per assicurare che l'indegnità e l'infantile curiosità o, peggio ancora, le intenzioni di utilizzare l'Oscura Dimensione a proprio uso e consumo, non prendano il sopravvento.

Il radicamento aveva facilitato l'elevazione dell'Asse Portante del mio corpo sui multipli livelli dell'essere.

Ora, attraversando i Chakra, le mie porte rotanti, l'Asse si assottigliava, elevandosi, per permettermi l'accesso ad altri Alti Siti, con un'estensione inimmaginabile, ma reale:

Sette sono le Sfere sotto i piedi,

Sette sono le Sfere nel corpo e

Sette sono quelle che si possono sentire e percepire dalla testa in su. In una di queste Sfere sovrastanti gli Angeli cantavano in coro. Pensai che fosse la mia voce a riecheggiare, così feci silenzio e aprii gli occhi. Ma il loro canto era vivo, reale, più potente e chiaro che mai. Li richiusi in fretta. Fummo in due nel cerchio a sentirlo. Ci guardammo e richiudemmo velocemente gli occhi, senza più aprirli fino a compimento di quel Trascendente Momento. Quando aprimmo gli occhi, la Luce e l'Amore fluiva da noi tutti.

La Grazia e la Gratitudine riempivano la stanza, non c'era posto per altro.

Col tempo, questa esperienza curò in me la ferità che la tendenza a escludere aveva prodotto, nel momento della scelta, rendendo evanescente e vago il principio di appartenenza al Tutto. Ora, mi sentivo disponibile ad abbracciare ciò che ero capace di contenere e appartenere. Tutto, avrei abbracciato tutto. La mia coscienza dilatata me lo permetteva: in me poteva starci Tutto.

"La Luce attraversa l'Ombra che, discreta, le lascia il passo..."

Il mio Testimone Silenzioso era sempre stato presente.
Stavo vivendo attimi Santi, momenti di Grazia in cui riconoscevo il ritorno dei molti anni di MeditAzione nella Disciplina Yogica. La Disciplina indirizzata ad aggiogare, tenere unite le parti di me, i miei emisferi, la Terra e il Cielo, il Sole e la Luna, il giorno e la notte e tutte le possibili ambivalenze in cui la forma tende, per sua natura, a separare, e accorgermi di quanto sia utile riposare, prendere le distanze da questo tendere al conflitto, alla paura ora del buio ora della luce, e riposare al riparo dalle insidie della scelta, avvolta e cullata dal buio, mentre la luce si accende nella mia testa. Ma... questa è un'altra storia!

La Luce attraversava l'Ombra
che
discreta
le lasciava il passo.
Una voce implorante
sottile
dal sopore lieve
s'alzava:
Non svegliarmi
ti prego!
So esattamente
quando farlo.

L'Alba e il Tramonto permettono il giorno; Il fiume ha due sponde; ogni forma ha un padre e una madre, le due polarità con cui ogni figlio viene in essere, esprimendo, attraverso se stesso, il tre, l'Uno.

Questo non veniva sempre in coscienza, mentre il corpo emozionale si fortificava e i pensieri diventavano più arguti e solerti nel farmi notare la differenza tra il bello e il cattivo tempo.

"Finché hai una forma, sarai nel duale, ciò che ti salva è l'identificazione con l'Uno. Ricorda, sei figlio di un'unione, osservala in te e agisci come se questo fosse già..."

Io, che continuavo a sguazzare nei miei mari in tempesta, da due che mi vivevo, delegando la mia stabilità ora a uno ora all'altro, come avrei fatto? Passando e ripassando, Intuivo.

In agguato, tra alti e bassi, si creavano con invisibili fili che mi trapassavano, insospettati nodi che si rivelavano a distanza di tempo-spazio, nel bel mentre di un assaggio di vita. Torbide, solari, increspate onde di lussureggianti tramonti che in cielo s'appiccicavano tremanti e insospettati.

Mi devastavano in tremolii incerti e incoerenti. Assuefarmi e debordare, senza avvisaglie, era ormai consuetudine. Così, improvvise e abbondanti, esse devastavano la sottile rete del mio tessuto neuro muscolare, fino a ridurmi in un inconsistente soffio di vento.

Non sono ancora morta, mi ripetevo quando mi era possibile accedere ai sentieri quasi impraticabili della mente, per riscuotere le tasse della mia individuale natura. Allora, la ragione si avventava su di me a sostenere la sua visione, tenuta nei contorti e consunti ingranaggi che a sbuffi e spinte aveva creato e ora mi mostrava l'ennesima mia precipitosa caduta nella farsa del gioco delle parti.

Era stato per molto tempo un punto fermo a cui avevo appeso il mio credere nell'Unità. Ora bisognava dichiarare il fermo intento di essere disponibile a riconoscerla sempre, in ogni ambivalenza che la forma per sua natura presenta. Manifestarla in un Dono era la sfida richiesta dalla CoScienza.

"Il Risveglio è imprescindibile traguardo per coloro che hanno dichiarato di volerlo".

Così l'Essere, in coscienza d'Amore, si adopera affinché, con Intelligenza, questo accada.
Il solo intento non può bastare.

Tra l'amore e la paura
il Punto salva dall'incompiuto.
Risorgendo dal buio
in ogni istante torno all'Unica Verità e Vivo.

Comprendevo che l'origine del Buio è sempre nella Luce.
Il buio non ha una sua autonomia, semplicemente si manifesta quando la luce cala.
Così, anche le tenebre sono protette da un Intento Divino di Luce.
L'umano vanta la legge del libero arbitrio, difendendone il diritto d'uso, ma è proprio in questo pensare che egli si priva della sua vera Libertà, rifiutandosi di accedere a ben più Alte Leggi che governano la Verità dell'Uno. Il libero arbitrio non viene annoverato tra le Leggi Universali, piuttosto associato a uno dei diritti che l'umano si riconosce: il potere di scegliere. Egli può scegliere, guidato dalla Coscienza, di essere luce nel buio e seguire il suo Dharma, il suo Scopo di Vita, che veglia sul suo Sogno di Evoluzione; ma può anche scegliere di essere buio nella sua luce e assecondare un Karma, azione e reazione. La Via che permette di essere nella Luce e riconoscerla anche quando il buio cala, è solo l'Amore: A-MORS, senza morte.

Il libero arbitrio può far scegliere una direzione che porta al buio, nell'incoscienza del ritorno, il quale, pari a un bumerang, richiede dell'azione emanata, una reazione uguale e contraria: il rientro.

Il Karma, essendo una Legge Universale, si esprime infallibile in un tempo concreto e reale, di cui non si può conoscere il momento.

Tutto discende da un Punto di Luce, così anche quel momento in cui la Luce si racchiude nelle Stelle, nella Luna che la ricorda, e tutt'intorno diventa buio per farle risplendere. Tutto accade in funzione del Ricordo costante della Luce, di quel Dono che nessun nodo può imprigionare, soltanto proteggere e curare, perché diventi coscienza di Sé e come tale ritrovarsi Luce.

"L'Armonia si raggiunge tramite conflitto"

Benvenuto alla Luce, mio meraviglioso Mostro Blu di Sette Chili!

La tua forza mi permette di vivere ancora su questo Pianeta; il blu della tua pelle mi dice che sei disceso da un Mondo Alto, Spirituale, i tuoi Sette Chili mi indicano che tutto viene perché allineato al Ponte Arcobaleno dei Sette Raggi, Creatori di Tutto Ciò che È, secondo il primo Triangolo Generativo con l'Unione della Volontà, dell'Amore e dell'Intelligenza Divini che, in perfetto incastro col secondo, creano una meravigliosa Stella con al centro la perfetta Armonia, raggiunta tramite il conflitto. È Vittoria Christallina, JAYA!

Quel che resta di tutto è il Blu, tempestato di Stelle che indicano la prossima rotta.

Tara Nicoletti

♕ LA ROSA DI NATALE - ELLEBORO ♕

di Franca Canitella

Mi capita di camminare nel cuore della Murgia che con l'immensità del mare è una degna regnante del territorio in cui vivo. La Murgia pulsa di vita e mentre poni passi tra una pietra e l'altra, bisogna stare attenti a non schiacciare fiori selvaggi di estrema bellezza.

Lo confesso: guardo in basso fondamentalmente per tre motivi; il primo è la paura di inciampare, il secondo di schiacciare la vita del suolo e l'altro, suppongo sia radicato in modo ancestrale in me, è quello di cercare funghi, il mitico "cardoncello" o il suo stretto parente il "ferula".

In Autunno è un territorio di una bellezza mantecata di energia purificante per lo spirito. È liberatorio inspirare e espirare l'aria di questo territorio, è curativo sentire l'abbraccio di ogni forza che sprigiona, è magia. Tutti dovrebbero avere una Murgia in cui sanarsi.

In verità la Terra è generosa e varia, ha donato magia in ogni dove, alcune le ho vissute, ma una vita non basta per viverle tutte. Ognuno sappia godere e nutrirsi del luogo in cui è stato designato a vivere. Soprattutto sappia rispettarlo. Frequente, in questa stagione di rilasso e quella a seguire di riposo, è forte il richiamo ad avventurarmi in cammini fisici che aprono anche quelli dello spirito, nell'esigenza di purificarmi dalla tossicità accumulata nella quotidianità.

Immergermi all'aperto, senza timore del freddo, mi rigenera. Novembre è il mese in cui, con il progressivo avanzare dell'oscurità, sembra che la natura perda vivacità, invece è un *attiro* ad essere più accorti. Quando tutto rallenta la nostra attenzione si sofferma sui particolari. La Murgia in questo periodo è maggiorata di particolari da esplorare, soprattutto in quelle zone in cui emergono querce e fico tra muri di pietre secolari, ti cattura nella sua magia di vita e entri in quella realtà con tutte le scarpe ma in punta di piedi e con gli occhi da infante.

Nel silenzio, l'armonia ti cattura e lo sguardo si impiglia tra i riflessi del foliage dalle tonalità variegate, una pianta in particolare richiama la mia attenzione: ha fiori verdi quasi fosforescenti si tratta di elleboro selvatico, comunemente chiamata "rosa di Natale".

«Stai Attenta! Non vorrai calpestarmi!?». Una voce sottile e femminile mi blocca e intanto i suoi petali si scuotono leggeri come una gonna al vento.

«No… non preoccuparti! La conosco… starà attenta!» risponde una coccinella che passeggia sulle foglie del piccolo cespuglio.

«Meglio diffidare… è pur sempre un'umana e non c'è da fidarsi» dice infine una voce baritonale, giunge da sotto il fogliame secco, trasportato dal vento, poco distante un giovane albero di quercia emerge affiancato ad un tronco mezzo arso dal fuoco. Quel vociare mi ha bloccata e mi siedo su una delle varie pietre dal fascino arcano e divento spettatrice di quel sentire.

«Non tutti gli umani sono uguali…» gorgheggia una farfalla.

«Chissà se conosce le mie nobili origini o mi ritiene solo erbaccia!»

«Ehi, nobildonna…! Cala, cala…! Resta il fatto che sei piantata qui…» il baritono sbuca dal fogliame con tutto il suo nero splendore, è un signore scarafaggio. Solo la coccinella tace.

«Se sono nata qui… ci sarà il suo perché e uno di questi è quello di sfamare quelle creature a cui il cibo con queste temperature scarseggia - intanto ancheggia le gonnelle per tutto il cespuglio – pensa che ho dedicato tutta la mia vita per esserci e donarmi. Vivrò per vivere ultimi battiti dell'anno e per accogliere quel rampollo dell'anno nuovo… soprattutto ci sarò nella notte più lunga dell'anno».

«Anche io ci sarò… al caldo nella mia tana!»

«Io … non so… ma ho deposto le mie uova per un nuovo ciclo di vita» conclude la farfalla adulta.

«Io mi trattengo qui, il freddo non lo temo e i miei semi continuano ad essere trasportati dal mio amico vento ovunque…»

«Ragazze vi saluto… è tardi» dice infine lo scarafaggio muovendo il suo tozzo corpo e scivola via in una buca.

Anche la farfalla con un battito di ali si innalza e sparisce nell'aria. La coccinella deve aver trovato riparo altrove, è fuori dalla mia vista.

Resta radicato il cespuglio dell'elleboro.

La curiosità mi interroga e mentre inneggio alla tecnologia, una ricerca con il telefonino mi dà una serie di notizie su questa pianta e comprendo perché sente di essere nobile, lo è. Il poeta Orazio consigliava l'uso di questa pianta per curare le bizzarrie causate dalla pazzia e pare che Re Salomone la usasse, con altri componenti, nel preparare un unguento per acquisire saggezza e intuizione.

La Dea Elleboro per sconfiggere gli spiriti maligni ne faceva largo uso, forse per questo era fra le piante più utilizzata dalle streghe. La credenza contadina consigliava di mettere la notte del 21 dicembre un bocciolo di questa pianta in dodici bicchieri colmi di acqua, ogni bocciolo rappresentava un mese dell'anno, se durante la vigilia di Natale i boccioli si aprivano significava che nel relativo mese ci sarebbe stato bel tempo, i boccioli che non si erano aperti indicavano i mesi in cui ci sarebbe stato cattivo tempo. Il suo fiore molto speciale non è costituito da petali ma da sepali che normalmente servono per proteggere il fiore, per trasformarsi in nettare, attirando i pochi insetti attivi nel suo periodo di fioritura. A impollinazione avvenuta i fiori cambiano colore e la loro tonalità varia dal verde al bianco, al giallo, al rosa e al rosso.

Sì, la rosa di Natale è la regina dei fiori d'inverno.

Come ogni regina sopravvive ad ogni intemperia e persino al tempo, ha imparato a donarsi perché donandosi rinasce. Ha imparato ad amare la notte perché sa che sarà portatrice di luce. Nella sua visibile fragilità e grazia ha una grande forza, la forza di rinascere.

La quiete

Colori, silenzio
lasciare andare il vissuto
tra petali, foglie e
rami secchi da tagliare.
Custode di semi
futuri germogli.
Fluire del tempo
suoni silenti.
Oltre i vetri
appannati dal respiro
tutto è fermo
bianco e immacolato.
Un passero
passeggia leggiadro e curioso.
Irrompe la quiete
lo scoppiettio del fuoco

dolce melodia
d'un inverno innevato.

Franca Canitella

ED È SUBITO SERA

Ciascuno sta solo sul cuor della terra
trafitto da un raggio di sole:
ed è subito sera.

Salvatore Quasimodo

La donna non ne parlava mai.

Il "dolore" non era una semplice parola, un comune argomento di conversazione.

Il dolore era la sua dimensione, quella bolla che la isolava dal resto del mondo facendola restare a stretto contatto con la propria perdita, con quel vuoto lacerante che riempiva di racconti dell'amata figlia. Il sorriso l'accompagnava nella quotidianità. Era quanto gli altri potevano vedere, la facciata di una serenità monca, un puzzle privo di una tessera essenziale.

Le ferite nella vita sono tante, ci sono tagli da nascondere o da esibire, e quando si rimarginano restano le cicatrici a testimoniare tanti incidenti di percorso.

Il dolore non si può paragonare a nulla.

La donna, quando era sola a seguire i suoi pensieri, pensava a tenerlo stretto a sé. Non voleva separarsene, ma sentirlo vivo, perché non c'era altro modo per restare insieme alla figlia.

Qualcuno aveva paragonato la sofferenza a una mosca fastidiosa da tenere lontana. Con il semplice gesto delle mani e un frettoloso "via, via!" l'insetto si allontana, ma poi torna a infastidire come prima. Un altro gesto, un altro volo, ma poi si posa sulla mano, sul braccio, sul capo. Niente da fare, difficile liberarsene.

No, non era quello il suo dolore.

Definirlo fastidioso come la mosca significava non conoscerlo affatto, non considerarlo, non viverlo come meritava di essere vissuto.

E non era neppure da paragonare al povero pesciolino intrappolato da un amo, o forse sì, appena un po'.

È vero, lei lo avvertiva quell'amo conficcato nel cuore e la sua immobilità non bastava a impedire che lo lacerasse facendolo sanguinare. La morte aveva uncinato la sua vita all'assenza e il pensiero strattonava il cuore dilaniandolo.

Come trovare le parole per definire un tale dolore? Come indicare il vuoto immane in cui la donna si smarriva, alla ricerca di ricordi, di segni, di presenze?

Quante volte era rimasta a guardare il cielo pregando che tutto potesse finire al più presto e perché ogni volta la vista le si offuscava e gli occhi si riempivano di lacrime?

Di sera, dal balconcino della sua abitazione, si fermava a contemplare la luce soffusa della luna. In lei riaffioravano i versi leopardiani, che la figlia declamava quando studiava, dopo pranzo, mentre lei era intenta a rigovernare. L'ascoltava rapita. Le piaceva conoscere il mondo della letteratura che purtroppo non faceva parte delle sue reminiscenze scolastiche. Aveva abbandonato i suoi studi troppo presto per dedicarsi al lavoro e alla famiglia.

Guardando il cielo si perdeva nel chiarore lunare formulando la sua consueta muta richiesta: «Lo so, ci sei. Ti prego, mandami qualche segno.»

Quella presenza che invocava lei la sentiva già nel cuore, ma aveva bisogno di qualcosa di visibile, di tangibile.

Il dialogo ininterrotto con la figlia proseguiva giorno e notte. Spesso la rimproverava per essere andata via troppo presto lasciandole i suoi piccoli che ancora avevano tanto bisogno di lei.

Un giorno, mentre si dedicava alla cura dei fiori, con le farfalle che svolazzavano libere tra le piante, si accorse di due foglioline che volteggiavano insieme. Le seguì con lo sguardo, aprì le sue mani per accoglierne l'arrivo e si ritrovò… un cuore.

Le due foglie si erano accostate in modo tale da formare un cuore. Un caso? Per lei no, non era l'atterraggio fortuito, era il segno di una presenza. La risposta al suo invito di apparire.

E quella farfalla che si presentava ogni qualvolta chiacchierava con la figlia? Anche quella era frutto della fantasia?

Era andata a posarsi sul suo braccio proprio nel momento in cui l'aveva chiamata piangendo disperata. Era bellissima! Per aver la certezza di non stare sognando e che tutto era reale, aveva fissato con uno scatto quell'immagine. Segni. Sì, segni che le davano conforto, ma …

C'erano giorni in cui la vita diventava un peso insostenibile. L'assenza era un vuoto che non riusciva a tollerare, il desiderio di essere altrove, con sua ragazza, la spingeva a fare un gesto sconsiderato.

Per raggiungerla c'era soltanto un modo. Era un pensiero ricorrente, che di notte popolava i suoi sogni.

Una notte il dialogo madre figlia era stato intenso. Se era un sogno la donna non voleva svegliarsi.

Ma dormiva o era sveglia? Non lo sapeva.

Il cuore le vibrava, sentiva la mano della ragazza accarezzarlo, e, come un volo di farfalle, la luce dei suoi occhi tornata a illuminarla.

Era stata sull'orlo dell'abisso, già pronta a raggiungerla, ma mentre stava per fare il salto era stata fermata dalla mano di lei e dalle sue parole:

«Vieni! Vieni qua. Noi siamo insieme, sempre, la luce ci appartiene, ci separa il mondo, non i pensieri. Io vivo in te, sono con te da sempre. Non puoi venir via. Devi restare qui a guardare i miei figli, li ho affidati a te.»

Un battito di ciglia e il nulla era già lì.

«Non mi lasciare! Resta qui con me» implorò la madre.

«Sono sempre qui anche se non mi vedi. Potrai vedere i miei passi. Sentirai la mia presenza» rispose la luce.

«Lo so, lo so, ci sei. Grazie.»

Un fremito, il risveglio, il cuore vacillante, un cuore, due anime, la luce nel buio, il buio nella luce.

Io sono qui
Sul cuore
Di mamma
Lei dorme
Sospesa
Nel nulla.
Lo stringe
Lo culla
Lo scuote
E poi
L'accarezza.
Soffia
La brezza
Della vita
Infinita.

Maria Teresa Lezzi Fiorentino

♛ GRAZIE A OGNI BENE, GRAZIE A OGNI MALE ♛

di Mario Francesco Bucci

San Giovanni della Croce, carmelitano scalzo, scrisse *"Alla sera della vita saremo giudicati sull'amore."*

Poeti, mistici, filosofi, per secoli hanno tentato di dare una definizione al più nobile sentimento del quale, a mio modesto avviso, l'uomo ha solo vagamente avvertito l'olezzo.

Nell'amore troviamo una ragione di vita, una speranza, una fede. Nell'amore troviamo rifugio.

"Se nulla ci salva dalla morte, che almeno l'amore ci salvi dalla vita." Neruda lo percepiva come fonte salvifica per antonomasia.

Ma come si prova amore? Quante forme di amore esistono?

E soprattutto, è possibile dare una "forma" all'amore?

Nel momento in cui rivestiamo questo sentimento ribelle ma educato, con le nostre aspettative, improvvisamente lo umanizziamo. Come ogni cosa.

Ma è l'uomo che deve trascendere.

Egli è abituato a ragionare sul concreto. Gli antichi spesso si servivano dei simboli per meditare. I monaci ortodossi utilizzavano le icone, ad esempio. Ma l'amore è pura astrattezza. È la forza che regge l'Universo e che si manifesta nell'uomo come riflesso della natura divina.

Spesso ci capita di incolpare questo sentimento perché, nella sua natura indisciplinata e sfuggente, resta fedele a se stesso. Rifiuta ogni coperta, ogni maschera; predilige la nudità, lasciando tutte le ferite scoperte. Perché amore significa anche mostrare la propria vulnerabilità nella speranza che l'altro non ci ferisca. È porgere il fianco.

I sufi, mistici islamici, vedevano la purezza dell'amore nel rapporto Amante-Amato. L'uomo, trascinato dalle passioni del mondo fenomenico, si spoglia come San Francesco e segue la fonte originaria della creazione.

I cabalisti sostengono che la creazione, oltre a essere un atto volontario di Dio (Kether, la Corona, rappresenta la manifestazione prima di Dio, il "**Fiat**"), è un atto d'amore. Egli, che occupa ogni cosa, si ritira in se stesso per creare un essere a sua immagine e somiglianza.

Io sento che l'amore è il primo assaggio di quella realtà che non tocchiamo, una sorta di memoria evanescente che l'uomo cerca di rievocare perché insoddisfatto del possedere ciò che è transitorio.

L'amore è prima di tutto presenza e ascolto attivo.

E non ha nessun obbligo con il dovere, parafrasando Gaber.

Ma amore è anche raccogliere ciò che abbiamo seminato dopo aver reso fertile il terreno con le lacrime.

Mi sovviene una delle "Sette frasi magiche" di Cagliostro, alchimista ed esoterista italiano: *"Dico grazie a ogni bene e dico grazie a ogni male, finché il ghiaccio della mente non si scioglie al Fuoco del Cuore"*.

Cos'è questo fuoco che gli alchimisti cercavano di mantenere vivo, così come facevano le vestali? È un andare incontro, un processo attivo, un atto di fede nei confronti della vita; è dare un senso sacro all'esistenza. È condivisione.

L'amore è un fantasma dalle vesti bianche che attraversa un palazzo in rovina, e che con il suo passaggio dà luce alle macerie. È una bambina che risorge dalle ceneri e ti viene incontro per un abbraccio.

È l'esatta antitesi dell'appagamento edonistico. È porre l'altro sullo stesso piano.

Spesso mi capita di sentir parlare di "sano egoismo". Ma è un ossimoro. Non si può pensare a se stessi senza pensare all'altro. Non si può sanare le proprie ferite senza curare l'altro. Perché guariamo esclusivamente nella relazione.

Quando Gesù nel Vangelo di Marco dice *"Amerai il tuo prossimo come te stesso. Non esiste comandamento più importante di questo"* si riferisce proprio all'idea di farsi prossimo dell'altro: con il suo sentire, con la sua vulnerabilità, con la sua fragilità. È l'esatta manifestazione dell'amore agapico, senza aspettative, né tornaconti. È accarezzare le proprie ferite sondando quelle dell'altro.

Perché non esiste guarigione più efficace del contatto empatico.

E questa è una legge che va sperimentata per essere compresa.

Fino a dove possiamo sporgerci sull'abisso per comprendere le potenzialità salvifiche della vertigine? L'abbandono dello status quo, della propria zona di comfort a favore di un ignoto che ci appare buio? Ma l'amore è una fiamma inestinguibile che ci fa apprezzare i dettagli delle nostre ferite; è un binocolo sui nostri crateri. È la lente di ingrandimento sulle nostre piaghe: quelle voragini che elemosinano attenzione e cura. Non giudizio. Non indifferenza.

Amore è prendersi cura di quel bambino interiore che esige ascolto, che piange e scalpita all'idea di esibirsi e al quale noi abbiamo delegato un ruolo marginale.

Passiamo le giornate indossando maschere che ci possano rendere attraenti, piacenti, compassionevoli, disponibili. Ma l'inconscio così come la natura, non ha morali. Le ombre ci spaventano perché non hanno etica, né rispetto. Sono l'aspetto meno evoluto della luce. *"Flectere si nequeo superos, Acheronta movebo.* Se non potrò muovere le potenze del cielo, solleverò quelle degli inferi", scriveva Virgilio.

Come si "sollevano" le forze infere? Donando ciò di cui avremmo più bisogno.

Cresciamo in una famiglia con dei valori che non sempre sentiamo nostri, in una società che con la sua frenesia ci allontana dal pensiero sano e altruistico e che ci scaglia in una spirale di menefreghismo, nell'assurda convinzione che ignorare significhi "far cessare di esistere".

Così, nel momento in cui distogliamo lo sguardo dalle nostre ombre, dalla nostra miseria, speriamo davvero che ciò che prolifica nel buio possa cessare. Perché la luce fa così paura? Perché amplifica i difetti e li espone al nostro grande inquisitore interiore. Ma non è la luce che dobbiamo evitare, bensì il giudizio che deriva proprio da quella indifferenza. È il sacrificio dell'ego.

La prima iniziazione all'amore avviene proprio in famiglia: osserviamo i nostri genitori, modelliamo l'immagine che abbiamo del rapporto di coppia, di quello con noi figli, sulla base di come si comportano tra loro e con noi.

Nella piccola realtà del Sud nella quale sono cresciuto, San Severo, un paesino nel foggiano, in parte vige ancora la concezione patriarcale della famiglia, secondo la quale l'uomo provvede al sostentamento della famiglia, mentre la donna si occupa della casa e dei figli. Eppure, molto spesso, è la donna che ha un maschile forte: emotivamente stabile, concreta nell'amministrazione dei rapporti e affamata di rispetto.

Personalmente, sono cresciuto in una famiglia in cui entrambi i miei genitori lavoravano. I primi anni della mia vita li ho trascorsi con una babysitter della quale ricordo ancora il nome: Mimma. Mia madre mi ricorda ancora l'attenzione scrupolosa con la quale l'aveva accuratamente selezionata; e mia sorella, più grande di me di 4 anni, le faceva da osservatrice silenziosa. Tutto ciò che trapelava quando mia madre non c'era veniva verbalizzato da mia sorella nei minimi dettagli.

Questo è il primo ricordo che ho dell'amore: la verbalizzazione della verità. A scapito di qualsiasi conseguenza. Per me questo è rimasto un aspetto fondamentale della mia vita ancor più da adulto: la verità è una forma di responsabilità, probabilmente la più grande, la più elevata. Comunicare la propria verità a chi amiamo, lo rende partecipe del nostro mondo e di come osserviamo quello esteriore.

Allora perché tendiamo a disarmonizzare quest'ordine perfetto sul quale poggia il mondo? Da dove ha origine questa fame di distruzione nei confronti di una natura che con amore continua a ospitarci e a nutrirci?

Perché probabilmente la diamo per scontata. E non è un qualcosa che mettiamo in pratica solo con la natura. Lo facciamo con le persone che ci amano: le rivestiamo di aspettative, di doveri, persino della responsabilità di doverci rendere felici.

Nell'arco della mia vita, tra le poche lezioni che appreso (ma è un bene, perché ho sempre fame di imparare), è che ogni cosa va guadagnata ma, ancor più, che ci viene concessa, è un dono inestimabile.

Anche quelle persone che scombussolano il nostro finto ordine, fatto di credenze e infrastrutture. Perché con il loro caos muovono le viscere del nostro mondo pseudo-perfetto. Se possedessimo la saggia lucidità di non giudicare con l'istinto, ma di osservare nel lungo periodo, coglieremmo il senso sacro di ogni incontro.

Qualcuno che conosciamo passa di fianco a noi e non ci saluta. Istintivamente, il nostro ego ferito ci pone al centro della situazione, e ci apre due scenari: quella persona ce l'ha con me senza che io sappia il motivo (vittimismo); quella persona è maleducata.

Non potete nemmeno immaginare quanto un semplice "avrà avuto le sue ragioni" mi abbia salvato. Salvato dall'emettere una sentenza. Salvato dal condannare.

È semplice colpevolizzare l'altro su quanto ciò che fa ci ferisce. Questo naturalmente lungi dal deresponsabilizzarlo. Ma quando si suol dire "l'altro ci fa da specchio", si fa riferimento proprio al contatto che si crea nell'istante in cui pone il riflettore sulla nostra reazione a un suo atto nei nostri confronti. Il passaggio cruciale sta proprio nel distaccarci dalla convinzione "l'altro mi ha ferito" e concentrarci su altro: "quale corda ha pizzicato in me"? Perché è proprio su questo che possiamo intervenire e indagare.

Un aspetto dell'esistenza che deve diventare cruciale, a mio avviso, è che non possiamo amare noi stessi senza amare gli altri; perché diventiamo "qualcuno" solo nel momento in cui entriamo in relazione.

La nostra evoluzione avviene nel momento in cui si crea una connessione con il nostro prossimo.

Avvertire la sensibilità dell'altro, cogliere il senso dei suoi silenzi, smarrirsi nelle sue pause, crea un ponte tra le anime che non necessita di parole.

Ed è qui che arriva l'amore. Perché non può crescere in un campo arido. Ha bisogno delle lacrime, che quel ghiaccio a cui faceva riferimento Cagliostro, si sciolga per dare nutrimento alla terra.

L'amore germoglia dove tutto è perduto.

Quando l'amore vi chiama, seguitelo.
Anche se le sue vie sono dure e scoscese.
E quando le sue ali vi avvolgeranno, affidatevi a lui.
Anche se la sua lama, nascosta tra le piume, vi può ferire.
E quando vi parla, abbiate fede in lui,
Anche se la sua voce può distruggere i vostri sogni come il
soffio del vento del nord devasta il giardino.

Poiché l'amore come vi incorona così vi crocifigge. E come
vi fa fiorire così vi reciderà.
Come sale alla vostra sommità e accarezza i più teneri
rami che fremono al sole,

Così scenderà alle vostre radici e le scuoterà fin dove si avvinghiano alla terra.

Come covoni di grano vi raccoglie in sé.
Vi batte finché non sarete spogli.
Vi setaccia per liberarvi dai gusci.
Vi macina per farvi neve.
Vi lavora come pasta fin quando non siate cedevoli.
E vi affida alla sua sacra fiamma perché siate il pane sacro della mensa di Dio.
Tutto questo compie in voi l'amore, affinché possiate conoscere i segreti del vostro cuore e in questa conoscenza farvi frammento del cuore della vita.

Ma se per paura cercaste nell'amore unicamente la pace e il piacere,
Allora meglio sarà per voi coprire la vostra nudità e uscire dall'aia dell'amore,
Nel mondo senza stagioni, dove riderete, ma non tutto il vostro riso, e piangerete, ma non tutte le vostre lacrime.

L'amore non dà nulla fuorché se stesso, e non attinge che da se stesso.
L'amore non possiede né vorrebbe essere posseduto;

Poiché l'amore basta all'amore.

(Kahlil Gibran – Il profeta)

Mario Francesco Bucci

Rosa Meilland CAMILLE CLAUDEL

♛ ROSA DI DICEMBRE ♛

di Lucia Guidorizzi

A Camille Claudel (8 dicembre 1864 – 19 ottobre 1943)

"Mi hanno spedito a far penitenza nei manicomi dopo essersi impossessati dell'opera di tutta la mia vita... è lo sfruttamento della donna, l'annientamento dell'artista a cui si vuol far sudare sangue."
Camille Claudel

Il giardino, tra le foglie secche e la brina, è devastato, il freddo è pungente e la nebbia avvolge gli alberi nudi creando un'atmosfera spettrale. Sembra tutto appassito, spento, ma al centro in un'aiuola, indifferente al gelo della stagione inclemente, splende ancora una rosa in piena fioritura: è una rosa delicata e forte, carnosa, lievemente rosata, tenera e sensuale come un marmo scolpito da mani di donna, una rosa che sfida i rigori dell'inverno. Il suo nome è Camille, Camille Claudel.[1]

INFANZIA

Ogni bambino è scultore, quando gioca pasticciando con la creta forgia mondi, come il Grande Vasaio, oppure costruisce castelli di sabbia in riva al mare al pari dell'Architetto dell'Universo.

Ogni bambino s'interroga sul caos della materia che diviene cosmo plasmato dalle sue piccole dita. Costruisce mondi, ripercorrendo la sua stessa esperienza di nascita e di caduta nel corpo.

Poi cresce e si scorda di questi giochi preziosi.

---

[1] Nel 2020, una rosa grandi fiori di Meilland è stata dedicata alla scultrice Camille Claudel

Ma per Camille è diverso. Plasmare mondi dalla terra è per lei un imperativo categorico.

È una bambina selvaggia, disordinata, sempre spettinata dai grandi occhi blu scuro.

Sua madre è incapace d'amarla, davanti a lei prova disagio e una rabbia sorda. La vorrebbe obbediente, simile alla sorella minore Louise, sempre composta coi boccoli biondo scuro incorniciati da nastri, intenta a suonare il pianoforte con grazia un po' melensa. Camille è invece un diavolo ribelle e insubordinato, una zingara, sempre in lotta per seguire le sue inclinazioni e i suoi desideri.

Talvolta alla madre pare quasi di odiarla, quando la vede affondare le mani nella creta, sporcandosi il vestito, per costruire volti, mondi, stati d'animo.

Spesso Camille abbandona le mura domestiche così opprimenti, per camminare sola, come una piccola vagabonda attraverso la campagna umida e solitaria, per poi inoltrarsi nella foresta buia e misteriosa di cui gli abitanti del villaggio hanno paura. Si dice che in prossimità del lago vi sia una grotta dove un tempo viveva una strega e che Camille si rechi lì, per lavorare quella terra umida e malefica.

"Voglio essere scultrice!" aveva gridato un giorno mentre era a tavola con tutta la famiglia, suscitando l'ira e il disappunto materni, invece il volto del padre si era illuminato di un sorriso di approvazione.

La madre aveva compreso in quel momento che la figlia avrebbe seguito soltanto il desiderio che la pervadeva tutta e che non avrebbe mai compiaciuto le sue aspettative.

Inizia tra loro una lotta sorda e costante.

GIOVINEZZA
Camille Claudel

"Lo amo tantissimo, amo il suo volto da Sileno, amo tutti gli anni che lo dividono da me, dalla mia giovinezza. Non è bello, è miope e massiccio, ma quando guardo le sue mani che scolpiscono il marmo mi pare simile a un dio, a un possente Plutone. Lo so che mi tradisce con molte donne, modelle, ammiratrici e poi c'è Rose, la sua vecchia e fedele compagna fin dai tempi della giovinezza, l'ha conosciuta quando io non ero ancora nata e so che lui non la lascerà mai, dal momento che gli è stata accanto ai tempi difficili dei suoi esordi.

Lei lo aspetta sempre con pazienza e abnegazione, lei gli ha dato un figlio e non gli ha mai chiesto niente.

Eppure, non m'importa tutto questo, so che quando siamo insieme siamo invincibili. La nostra intesa ci permette di trascorrere lunghe ore l'uno accanto all'altra in silenzio, assorti nella creazione delle nostre statue, complici e alleati.

A volte mi chiede un consiglio, altre volte mi osserva mentre lavoro e quando sento i suoi occhi posarsi su di me avvampo, come fossi nuda. In realtà attraverso la mia opera, io sto denudando la mia anima davanti a lui.

Nessuno può comprendere l'essenza e il significato del nostro amore così al di fuori da ogni canone. Ci unisce il medesimo immaginario artistico. Amiamo scolpire gli stessi soggetti, però Auguste lavora con sensualità e passionalità, con erotismo e vigore, mentre io esprimo la mia parte visionaria, le mie opere sono vere e proprie anatomie della vita interiore.

Eppure, nonostante questa nostra completa comunione d'intenti, sento che prima o poi dovrò distaccarmi da lui per trovare uno stile e un linguaggio autonomi, so che non potrò restare per sempre sotto la sua ombra, ma per tutto questo c'è ancora tempo. Intanto siamo qui e il sole giallo del pomeriggio illumina d'oro lo studio dove stiamo creando insieme. Auguste mi guarda e io gli sorrido, mentre continuo a modellare la creta."

MATURITÀ
Paul Claudel

"In questi corridoi spogli soffia un vento gelido. È un luogo sgradevole, che mi mette a disagio. Si odono le grida e i lamenti delle folli dietro le porte chiuse. Non vengo volentieri qui a visitare a Camille. Ogni volta mi viene incontro con un sorriso sul volto smagrito sperando che venga per liberarla da questa indebita prigionia.

In fondo, mi sento un vigliacco per aver dato retta a nostra madre. Ho rinnegato le nostre alleanze infantili, i nostri giochi e le nostre risate. Mia sorella per me era tutto, l'angelo, la guida, ma anche la compagna di splendide scorribande immaginifiche, non avrei mai creduto di diventare complice di questa terribile ingiustizia.

Quando nostro padre morì, lui che aveva sempre capito e difeso questa sua figlia così eccentrica, le cose precipitarono e mia madre e mia sorella mi misero alle strette, incalzandomi: da quando era finita la sua storia con Rodin, la vita di Camille aveva preso una brutta piega, si stava lasciando andare, stava chiusa nel suo studio a scolpire tutto il giorno, mangiava poco e male, non curava il suo aspetto, era diventata insofferente e nervosa, cominciava ad avere manie di persecuzione.

Mi dissero che non si poteva più lasciarla in balia di sé stessa, che era necessario internarla in manicomio. Io mi sono lasciato suggestionare dalle loro argomentazioni, non ho avuto né la determinazione né la volontà per oppormi e alla fine l'abbiamo rinchiusa. Ma se Camille invece avesse avuto ragione? Se fosse stato vero che la perseguitavano, che volevano rubarle il suo talento, che la Parigi degli artisti e dei critici d'arte le aveva voltato le spalle da quando aveva voluto camminare da sola come artista e come donna?

Il demone della creazione la prendeva notte e giorno e si dedicava anima e corpo a terminare le sue opere, non aveva tempo per le frivolezze della vita mondana.

Mi sento un vigliacco: a che vale la mia luminosa carriera diplomatica in Cina e Giappone, la mia fede ritrovata e il mio successo di poeta se non riesco a liberare la mia amata sorella da questa prigionia protratta? Eccola, mi sta venendo incontro, è l'ombra di sé stessa, non credo che verrò più a trovarla, la sua presenza alimenta il mio senso di colpa, non sono in grado di aiutarla, ho il mio lavoro, i miei impegni, la mia famiglia, portarla fuori di qui mi creerebbe troppi problemi e ne andrebbe della mia reputazione."

Reine- Marie Paris, pronipote di Camille Claudel

"Fin da bambina, quando andavo a visitare il nonno Paul rimanevo incantata nell'osservare nel suo salotto delle meravigliose sculture che celebravano nelle posture dei corpi l'amore, la morte, l'assenza. Mi domandavo chi fosse l'autore di quelle statue così intensamente pervase da un soffio visionario e, affascinata, restavo a fissarle per ore. "Chi le ha fatte?" chiedevo al nonno e lui, distrattamente e lievemente imbarazzato mi rispondeva "Una tua prozia… si chiamava Camille."

Quando sono cresciuta ho deciso che mi sarei laureata facendo una tesi su di lei. Chi era questa prozia scomoda di cui nessuno mi voleva parlare? Via via che studiavo, rovistando tra le pieghe del non detto, si delineava davanti a me l'immagine di una donna libera, affascinante, intelligente e piena di talento, che all'interno della mia famiglia era sempre stata considerata una sorta di personaggio maledetto, sul quale gravava un deliberato oblio. Da allora, ho considerato mio compito riportare alla luce la vicenda umana di questa mia prozia geniale, troppo avanti nei tempi perché i suoi familiari fossero in grado di sopportarlo. Renderle giustizia è stata la mia missione. Talvolta devono trascorrere due o più generazioni perché i nostri avi vengano risarciti, ma l'amore, quello autentico, non si ferma davanti al buio e al silenzio. Scrivendo la sua biografia, ho voluto far conoscere al mondo la vera storia di Camille Claudel, restituendole quella luce di cui era stata privata per così lungo tempo.

Una tenera rosa

Fiorisce a dicembre
Nonostante il gelo

Tra le tue mani
Tormentate e sapienti
Diviene viva la creta
Cos'è la vita
Se non sporcarsi
Affondare nel fango
Per estrarne luce

Nel buio e nel silenzio
Cresce il seme
Per poi stupire
Tutti a primavera

Camille Claudel, sorella del poeta e diplomatico Paul Claudel, è stata una scultrice di grandissimo talento, anche se per lungo tempo la sua fama è stata offuscata da quella del suo maestro, collega e amante Auguste Rodin. La sua tragica vicenda umana, censurata dalla famiglia e sepolta dall'oblio, è emersa grazie al lavoro di ricerca compiuto da una sua pronipote, Reine-Marie Paris. Camille, a causa della sua vita eccentrica e fuori dai canoni femminili tradizionali del suo tempo fu rinchiusa in manicomio per trent'anni.

Lucia Guidorizzi

♛ IL GLADIATORE DELLA LUCE ♛

di Arnaldo Citterio

Quel giorno dove l'aurora diventa un sogno, lascerai che il braccio guidi la mente.

Tra l'oscurità che domina il cuore degli uomini ci sarà un lampo di luce e anche tu aprirai gli occhi al cielo.

Effimero bambino vestito di stelle senza raggi, sei oggi del giorno la nemesi per rinascere domani giusto sentiero.

Ennesimo fardello creato per ricordare all'universo che niente è perfetto, nemmeno Dio.

Sarà equilibrio nella massima inclinazione alla minima distanza, dove la luce si allinea per trovare il suo cammino attraverso il Tropico del Capricorno.

E sarà rinascita ché parte dalla tenebra per giungere alla meta per poi ricominciare ogni volta.

Questo fa il Gladiatore della luce, questo continua a fare perché tutto il resto non sarebbe amore.

Arnaldo Citterio

Cesare Lapini The love letter (Messaggio d'amore)

♛ ANIMUS LUNAE ♛

di Antonella Brozzi

Non è un mistero.
Ci dà il suo
altro
lato nero.
Dipinta
senza colore
muore.
Gioia senza carne si fa.
Ella sa.
Il Mistero
è
il suo fresco
respiro.
Essenza
d'
un fiore pallido.
Evanescente
Signora della Notte,
sogni carte
che
ti dian
la man forte.
Giri e t'ammiri.
Sei lunatica mente
sincera,
come
la
Primavera.
Ti dai
solo a chi
si
dissolve nell'ombra.

Tu,
regina
dell'oscurità
hai
un gran dono.
Sei
un'invisibile illuminata.

Antonella Brozzi

♛ VITA ♛

di Antonella Brozzi

Soffio d'eterno,
inafferrabile volo.
Fluttuante sospiro
d'
un bacio.
Respiro d'anima,
filtro di note
per creare.
Sussurri,gemi,lenisci.
Inaspettata,
entri
senza preavviso.
Fra
sipari aperti,
chiudi porte cieche.
Ballando,
arrampichi tetti
di
speranza.
Da sola arrivi_.
Con te,
il
Cambio
porti.

Antonella Brozzi

♚ VOLGI LO SGUARDO AL SOLE ♚

di Manu Mabon

Il Solstizio d'inverno è il momento in cui il Sole tocca il suo livello più basso, potremmo azzardare dicendo che muore. Ma proprio per questo ritorna a crescere, attirando quindi la Luce e la positività dopo i momenti neri. Yule è la notte più lunga dell'anno, ideale per rituali di purificazione, ma anche per richiami d'Amore per chi è solo.

A-Mors: il dono immortale che ci regala Yule.

Sottile è il confine tra il Regno dei Vivi e Quello dei Morti, ecco perché coloro che, tra i primi, ardono di sentimento, discendono nel Regno sottostante per ricongiungersi all'Amore mai dimenticato.

Il Solstizio cade proprio nel cuore dell'inverno, ed è possibile cogliere un fremito di magia nell'aria: i rami spogli e scheletrici si stagliano contro il pallido cielo invernale; gli uccelli con i loro canti deliziosi sono migrati e la brina si scioglie lentamente mentre i giorni scivolano verso l'oscurità.

Le ombre sono più profonde, adesso, il suolo più duro, è periodo di quiete e d'incanto. Ma è anche il periodo in cui la Terra si prepara a cambiare.

Il 21 Dicembre è il giorno più corto dell'anno, quando il Sole raggiunge un punto direttamente sopra il Tropico del Capricorno e sembra restare immobile nel Cielo ("Solstizio" deriva dal latino **Sol** - Sole e **Sistere** - fermarsi).

Il mattino dopo, tuttavia, la Vita rinasce, le giornate tornano ad allungarsi ed ecco la Luce, che porta cn sè speranza e rinnovamento. Questo è il momento per ricominciare, un'opportunità per staccarsi dalla vita normale e da una "semi ibernazione". È bene ponderare su quanto avvenuto durante l'anno appena trascorso e iniziare a plasmare quello a venire. A Soyal, nell'Arizona del Nord, gli Indiani HOPI eseguono rituali di purificazione ed accolgono i Kachinas, spiriti protettori che giungono dalle loro Montagne.

In Cina si festeggia l'anno che se ne va, In Scandinavia le giovani donne vestono gonne bianche con fusciacche rosse e cingono il capo con una corona di candele.

Quanto ai miei amati Arcani, quale più indicato del numero XIII, detto "L'Arcano Senza Nome" (o "la Morte", secondo alcuni)? Se lo osserviamo noteremo uno scheletro, sì, ma ricoperto di pelle umana: la rinascita dopo la morte.

La mistica tedesca Ildegarda di Bingen, vissuta nel XII secolo, ci suggerisce:

"Volgi lo sguardo al sole
Guarda la luna e le stelle
Osserva la bellezza delle mele verdi della terra e pensa.
Quale dono più grande dell'Immortalità?"

Manu Mabon

♛ REDEMPTION SONG ♛

di Grazia Velvet Capone

No, Orfeo non era nuovo alla sofferenza. La sua vita aveva sempre avuto toni cupi, come una melodia monotona e triste che non riusciva a modularsi con armonia.

Tutto ciò era consueto tra le polverose strade delle favelas, quel posto angusto dove era nato e dove era sempre vissuto, un luogo in cui ogni angolo sembrava sussurrare storie di morte. Solo la sua musica gli offriva un unico filo di speranza. La chitarra che suonava, da quando le dita erano quelle piccolissime di un bambino, provava a raccontare di una bellezza che sentiva nel cuore e che sfuggiva alle grinfie della disperazione.

Fu lì, in un angolo di una strada impolverata e frequentata da ogni tipo di fauna locale, che la vide per la prima volta.

Euridice.

Lei non era come le altre donne che vivevano in quel mondo, non era disillusa, scarnita e bruciata dal dolore. I suoi occhi erano pieni di vita, dolci, una dolcezza che Orfeo non aveva mai conosciuto. Nonostante l'aspetto dimesso e le mani arrossate e scorticate dal lavoro, la sua bellezza lasciava inermi, c'era in lei una luce… qualcosa che passava oltre, qualcosa che Orfeo non sapeva neppure capire. Si fermò vicino a lei a suonare, e lei lo ascoltò, come se la sua musica fosse un legame. Senza dire una parola, si sedette per terra vicino a lui. Lì, tra le macerie della *Città di Dio* nacque il loro amore.

Ogni notte, Orfeo e Euridice suonavano insieme nelle strade affollate, intrecciando le loro melodie, quella di lui musicale e quella di lei vocale; le linee armoniche si intrecciavano come le loro vite. Avevano fatto l'amore come fossero amanti dall'eterno. Quando suonavano e quando si amavano era pathos, rimaneva un'aura densa. Le favelas non erano più quel luogo conosciuto di disperazione; diventavano, grazie alla loro musica, il palcoscenico di una bellezza che sembrava scuotersi via dalla crosta del fango, dalla polvere.

La chitarra di lui piangeva sottotono, la voce limpida di Euridice scandiva tutti i respiri dello stupore. Perché essere innamorati in quell'inferno era uno stupore infinito. Euridice toccava Orfeo e tremava, allora, per contagio, un brivido correva anche lungo la schiena di Orfeo, dal coccige fino alle vertebre del collo e sulla nuca.

Vivevano di poco ed erano riusciti a trovare una stanza accessibile, con un letto, una cucina e un tavolo, un luogo che, anche se misero, li rendeva appagati.

Di giorno camminavano tra gli intrecci di costruzioni precarie e le strade serpeggianti come vene di un corpo sofferente, luoghi in cui il respiro della vita pulsava tra le ombre, nel confine sottile tra speranza e disperazione.

Ogni angolo, ogni vicolo, aveva il peso di storie non raccontate, di sogni infranti dal destino e di anime che si aggrappavano alla terra con mani callose, cercando di scoprire un angolo di bellezza nascosto nel grigiore della miseria. Lì, dove il sole faticava a penetrare tra i muri decrepiti e le costruzioni erano sovrapposte una sull'altra, il tempo sembrava scorrere in modo diverso, come se fosse sospeso tra il rumore incessante della lotta quotidiana e il silenzio profondo di chi non aveva più nulla da perdere.

Le strade erano fiumi di vita, di voci che si mescolavano, di musica che rimbombava nell'aria, tra risate e grida di dolore, tra la violenza che si aggirava come un predatore e l'amore che si faceva strada, anche se fragile. In queste terre di confine, la luce e l'oscurità si intrecciavano in un eterno gioco di ombre e riflessi, dove ogni abitante era un eroe o una vittima, una figura mitologica nel teatro di un'esistenza che sfidava ogni giorno la sorte.

Eppure, nonostante l'inferno che talvolta sembrava avvolgere questi luoghi, le favelas custodivano anche un segreto: la gioia. La capacità di chi vi abitava di continuare ad aver voglia di vivere, di sorridere, di sperare. Nonostante tutto, la vita pulsava forte, la terra che sembrava arida si nutriva di una forza primordiale, la stessa che spingeva chiunque a cercare, in ogni angolo dimenticato, un riflesso di quella luce che poteva ancora rischiarare l'anima, come il tramonto che, pur nella sua tristezza, colora di arancio il cielo sopra il mare in tempesta.

A *Città di Dio*, a Rio, il caos delle strade non era solo visivo, ma anche sonoro, con il rumore incessante di traffico, musica che fuoriusciva dalle case, e il brusio di voci che non si fermavano mai. Le case, ammassate le une contro le altre, sembravano respirare all'unisono, ognuna di esse raccontando la vita di chi vi abitava. Qui le famiglie si adattavano, costruendo appartamenti su più livelli, senza permessi, sfruttando ogni centimetro quadrato disponibile. Non c'era spazio vuoto: ogni angolo era occupato da una nuova costruzione, una bottega, un negozio di alimentari.

La lotta quotidiana per il cibo, la sicurezza e un po' di speranza era tangibile in ogni passo. La criminalità, il narcotraffico e le guerre tra bande si intrecciavano con la quotidianità di chi cercava solo di sopravvivere e si trasformavano in vere e proprie guerre urbane, con sparatorie che diventavano parte del paesaggio quotidiano. Eppure, nonostante tutto, la vita continuava: i bambini giocavano per strada, le madri chiacchieravano sulle porte delle case, i mercati e i bar non smettevano mai di pulsare.

Il contrasto tra la povertà assoluta e la vitalità esplosiva delle persone era la vita quotidiana delle favelas, visibile nei sorrisi, nei gesti di solidarietà, nelle piccole gioie quotidiane che fiorivano tra le macerie. La loro bellezza cruda e autentica, era come un mondo che resisteva, che si reinventava ogni giorno nella sua imperfezione. Appagati dal loro amore, vivevano sereni, con gioia. Un giorno, un giorno come tanti, apparentemente uguale a quelli precedenti, in quel mondo sempre distrutto e ricostruito con pazienza, Euridice sparì. Orfeo la cercò ovunque, per strade malfamate e vie nascoste, ma la sua musica, che di solito guidava a lui Euridice, non aveva più il potere di farla tornare. Il vicolo era diventato stretto come un respiro strozzato. L'aria era pesante, come se il mondo intero stesse trattenendo il fiato, e ogni passo di Orfeo risuonava solitario come un'eco di vuoto. Il suono della sua chitarra, che prima sembrava attraversare il cemento e le lamiere, ora rimbalzava contro di esse, metallico e aspro, come un peso insopportabile.

Orfeo chiese a tutti se l'avessero vista. Gli raccontarono che, durante il lavoro si era trovata coinvolta in una sparatoria. Invece di scappare, lei era tornata indietro: aveva visto una bambina piangere spaventata perché si trovava proprio sulla linea di fuoco dei criminali. Euridice se la strinse al seno e cercò di portarla via, ma due uomini le si avvicinarono e da quel momento nessuno la vide più.

La notte che seguì fu senza luna. Ogni volto che incontrava sembrava distante, estraneo, eppure dietro ogni angolo Orfeo lo sapeva che si nascondeva un ricordo di lei. Camminava e suonava, ma la sua musica, che aveva una volta illuminato il buio delle strade cupe delle favelas, ora suonava vuota, come un grido soffocato.

Alla fine, dopo notti insonni, finalmente la trovò, pagando con tutto ciò che possedeva un informatore che si era venduto per qualche dose, ma non fu come se l'era immaginato. Il corpo di Euridice era segnato, consumato dalla violenza di un mondo che non aveva pietà. Le sue labbra erano spaccate e secche, i suoi occhi appannati da un'inerzia che Orfeo non riusciva a sopportare. Eppure, quando la guardò, vide ancora una scintilla. Forse era una lacrima ferma sulle ciglia e scesa senza volere, nascosta per tutti. Forse, Euridice non era persa del tutto. La sollevò tra le braccia, come un soffio di vita che stava per svanire, e andò via con lei. Il suo cuore batteva forte, ma c'era una consapevolezza che lo gelava: non sarebbe stato facile, non sarebbe stato permesso.

Il viaggio verso il ritorno fu tortuoso. Ogni passo che facevano insieme sembrava pesare come una scalata a una montagna. Orfeo sapeva, per lunga pratica nei territori di quell'Ade terrestre, che l'unica legge che governava il ritorno dalla morte era quella del non guardarsi mai indietro. Doveva andare avanti, ma il suo cuore, che tremava, non riusciva a non lanciarsi nell'abisso dell'incertezza. La strada, fatta di polvere e miseria, non dava tregua. Ogni passo che Orfeo faceva lo allontanava dalla morte e lo avvicinava alla salvezza. Euridice si aggrappava a lui come a un sogno, ma qualcosa non andava.

La sua musica, che aveva dato un senso al caos della vita, ora sembrava non riuscire a trattenere più nulla. Il viaggio stava cambiando Orfeo. Non era più solo l'uomo che suonava per dimenticare. Ora suonava per salvare, per portare la sua amata fuori dalle favelas, fuori da quella condizione di eterna rovina.

Ma quando si avvicinarono al confine del mondo che conoscevano, Orfeo cedette. Il suo cuore, che non sopportava più l'angoscia, mancò un battito, si voltò affranto dal terrore, cercando di capire se fossero ancora in pericolo. Fu allora che Euridice scomparve, inghiottita dal buio, come se il mondo avesse chiuso una porta definitiva tra loro.
Qualcuno che li seguiva aveva deciso che Euridice non potesse mai più parlare o rivelare dei segreti.

Orfeo vide scomparire per sempre i suoi capelli scuri, il corpo. Si chiusero gli occhi vivi, il respiro finì con un gemito. La bocca si schiuse esalando il fiato, le ciglia sigillarono lo sguardo. Gli cadde dalle braccia e fu come se un avvoltoio l'avesse rubata per sempre.

Il dolore di Orfeo non fu quello di chi ha perso qualcosa. Fu il dolore di chi sapeva che ogni perdita era una parte di sé che si spezzava con un drammatico dolore, che non sarebbe mai più tornata. In quel vuoto, Orfeo trovò ogni abisso. Per mesi non ebbe tregua di sorta. La sua musica non poteva più salvarlo. Cercava solo di raccontare il dolore, di renderlo universale. Nella rabbia, si accendeva solo una triste consapevolezza che il cammino di ogni uomo è segnato da momenti in cui si perde tutto, in cui si deve lasciare andare via tutto.

Nelle strade delle favelas, Orfeo suonò mille volte la sua pena. Non componeva più, il cuore aveva perso la linfa. Un giorno si alzò e dalla chitarra scaturì un'ultima melodia, una canzone che parlava di chi aveva perduto, di chi aveva lottato e aveva trovato la pace, non nella salvezza, ma nell'accettazione della propria fragilità. La sua chitarra, che per tanto tempo aveva suonato per resistere, per combattere, cominciò a cantare per lasciar andare.

E fu così, nel cuore delle favelas, dove la vita e la morte si intrecciavano come un gioco senza fine, dove Orfeo aveva perso la sua candida ragazza, che egli trovò finalmente pace e suonò una canzone di redenzione.
Per giorni non si mosse dal marciapiede in cui aveva incontrato la sua Euridice. Rimase lì a suonare fino a che le dita non si gelarono d'inedia. Come fosse invisibile ai clamori del mondo, sorrise e suonò fino alla fine. Una donna ne raccolse l'ultimo desiderio.

Da quel giorno, sulla statua realizzata in suo onore - seduto ancora sul marciapiede con la chitarra stretta al petto - un sorriso aleggiò per sempre sulle sue labbra, mentre dagli occhi le lacrime scintillavano copiose e si propagavano come lampi di luce, dalle pupille ferme alle spaccature di pietra del suo corpo, senza mai più poter essere versate.

Chiunque passi da quel marciapiede, nella Città di Dio, sa e vede che l'amore è una luce che si accende per sempre, anche nel silenzio delle spaccature più profonde e vive nell'esperienza della presenza di se stessi, anche quando ti appare già perduta e spenta.

Emancipate yourselves from mental slavery;
None but ourselves can free our mind.
'Cause all I ever have:
Redemption songs;

Grazia Velvet Capone

INDICE

IL PROGETTO ETICO DI AUREA NOX

AUREA NOX è un progetto etico collettivo nato in rete nel Maggio 2021 da un'idea di Grazia Velvet Capone che ha ideato e realizzato anche tutte le elaborazioni grafiche. Il nostro comune Ispiratore è stato ed è Franco Battiato, musicista e maestro. Le energie creative del gruppo confluiscono nella collana-esperimento evolutivo chiamata **AVALON - Terra Sacra**: un luogo letterario dove gli autori si confrontano con un tema comune. È nata così l'idea di creare una pubblicazione ritmica, legata alla ruota dell'anno, adatta a tramandare forme-pensiero di profonda e assoluta ricerca evolutiva. Una virtuale unione di intenti.

Un Seme che diventi Quercia.

Di seguito ecco le altre collane editoriali

- **BEE BOOK SII UN LIBRO - Collana per bambini**
- **SEVEN DOORS - Sviluppo spirituale**
- **BREVIS - Saggi e Racconti brevi**
- **LYRA – Poesia**
- **HELOQUENCE - Diari, Romanzi, Manuali**
- **TRIBAL - Viaggi, Magia, Territori**
- **AUREA MAGISTRA - Percorsi storici**
- **DIAMANTI AUREI – Poesia**
- **CUORE INDIeGENO – Lingue minori, etnie**
- **BIOlive - Testimonianze dal vivo**
- **ZŌON – Amici Animali**
- **BATTIATOSOPHIA dedicata a Battiato**
- **AUREACOMICS – Storie illustrate**

Un sentito ringraziamento al direttivo del Progetto e ai vari gruppi di lavoro dedicati, che hanno profuso le loro preziose energie a beneficio della nostra comunità di Autori e di una magnifica Idea Viaggiante.

Per contatti, richieste e collaborazioni:

Mail: aureanox@libero.it
Gruppo Facebook Aurea Nox Casa Editrice

Collana Avalon – Terra Sacra

AUREA NOX

www.ingramcontent.com/pod-product-compliance
Lightning Source LLC
Chambersburg PA
CBHW071934120726
48001CB00005B/1962